AF272854

Gedichte

HELMUT A. HAFFNER

Gedichte

Zum Freuen und zum Nachdenken

Bibliografische Information der Deutschen Nationalbibliothek

Die Deutsche Nationalbibliothek verzeichnet diese Publikation in der Deutschen Nationalbibliografie; detaillierte bibliografische Daten sind im Internet über http://dnb.d-nb.de abrufbar.

Die automatisierte Analyse des Werkes, um daraus Informationen insbesondere über Muster, Trends und Korrelationen gemäß §44b UrhG (»Text und Data Mining«) zu gewinnen, ist untersagt.

© 2025 Helmut A. Haffner

Verlag: BoD · Books on Demand GmbH, In de Tarpen 42, 22848 Norderstedt, bod@bod.de
Druck: Libri Plureos GmbH, Friedensallee 273, 22763 Hamburg

ISBN: 978-3-7693-3803-4

Zum Geleit

Mein halbes Leben lang habe ich immer wieder Gedichte geschrieben, mal in Reimen oder einfach nur in Wortgeflechten. Die Auslöser oder der Drang ein Gedicht zu formulieren, hatte immer emotionale Gründe, im Positiven wie im Negativen. Eigentlich hatte ich nicht die Absicht eine Anzahl davon zu veröffentlichen, sie ruhten in meinen Tagebüchern als geheime Schätze. Ein Teil der ausgewählten Gedichte, ja die meisten, sind dem Staunen vor der Kraft des Lebens und der Natur entsprungen. Andere beschäftigen sich mit dem Thema »Sinnfindung« und »Glauben«.

Als Zuhörer eines Vortrages von David Steindl-Rast, dem international bekannten Benediktinermönch und interreligiösem geistlichen Lehrer, hat mich eine Aussage besonders berührt. Diese lautete »Wo das vorformulierte Gebet aufhört, beginnt die Lyrik«. Da viele meiner Gedichte dieser Feststellung entsprechen, jedenfalls habe ich es so empfunden, reifte in mir der Entschluss einige zu veröffentlichen. Denn in einer Zeit der Naturentfremdung des Menschen und der starken Zunahme von kriegerischer Gewalt in vielen Ländern der Erde, kommt es auf jede Stimme an, die sich dieser unheilvollen Entwicklung entgegenstellt.

Helmut A. Haffner

Motive zum Dichten

Wenn ich verletzt bin,
oder besonders glücklich,
sprudeln die Gedanken der Poesie.
Wenn das Herz wund ist,
entspringt Poetisches,
wenn tiefgehende Ereignisse
Erinnerungen treffen,
entsteht eine neue Quelle.
Sie formt Gefühltes in Worte zum Gedicht.
Gedicht als Protokoll der
Herzensverfassung.

Im Laufe der Zeit

(eines alternden Marathonläufers)

Laufen, eine Bewegungsart, etwas
schneller
als gehen.
Schweißtreibend, ermüdend,
entspannend.
Laufen gegen die Zeit, gegen die Uhr,
zwanghaftes Training fordernd, mit
ungewissem Lohn.
Einmal glücklich und zufrieden über eine
gute Zeit,
einmal enttäuscht und traurig, über eine
schlechte Zeit.
Doch beide trennen nur wenige
Augenblicke.
Die Antwort kann nur lauten:
»Zeitlos laufen, frei vom Zwang der
Trainingspläne,
gefühlvoll laufen, voll Freude an der
Bewegung«.
Vom Zeitlauf zum Freudenlauf!

Finger weg

Ihr sollt nicht rütteln
an den Fundamenten,
denn Einsturz kann die Folge sein.
Jedes Atom mag sein allein
und wünscht nicht Opfer
eurer Gier zu sein.

In der U-Bahn

Der Gesichter viele im Gedränge,
sprechend, stumm, lachend, traurig
oder strahlend.
Jugend, Vitalität, knallrote Lippen,
schwarz getünchte Augen
auf blassem Grund.
Alte, zerfurchte Züge,
von Falten und Runzeln eingerahmt.
Spuren des Lebens, von Glück und Leid.
Vorwärts fahren, anhalten dazwischen,
einsteigen und aussteigen,
in Ruhe und Hektik,
grad wie im Zug des Lebens.

Wiesenbesuch '24

(verhinderter)

Eigentlich wollte ich auf die »Wiesen«
heut.
Dort wo das Bier fließt in Massen
und sich alle lieben und nicht hassen.
Von Ferne, rief ein helles Glockengeläut,
ich wende mein Schritt zum Friedhof hin.
Staunend geh ich durch der Gräber
Gassen,
das Riesenrad das steht hier still,
und auch die Geisterbahn ist stumm.
Ein Sonnenstrahl durch schwarze Wolk
sich zwingt,
dazu ganz leis eine Amsel singt.
Zum Schluss besuch ich noch das Grab
von »Ende«,
wo eine Schildkröt spricht
»Fürchte dich nicht«.

Was bleibt?

In der Vergänglichkeit der Zeit,
und der Ignoranz derselben,
liegt der Wahnsinn unserer Zeit.
Schönheit für immer,
Bestseller »for ever young«,
Bibel der Zeitlosen,
Betrug an der Vergänglichkeit der Dinge.
Das Leben eine Dauerparty,
letztlich Selbstbetrug.
Nur was im Herzen eingeschlossen, bleibt,
die Herzgravur.

Wesen der Märchen

Zeitlose Story,
Nährboden der Phantasie,
gültig im Gestern, Heute und Morgen.
Schwebend über den Dimensionen
der Realität und
doch so nahe an der Wirklichkeit.

Kraftquell

Suche regelmäßig die Einsamkeit,
sie lässt dich in den Spiegel
der Wahrheit schauen.

Winternacht

Klirrende Kälte, vom Ostwind getragen,
Stiche von Nadeln im Gesicht.
Über mir der klare Nachthimmel
von tausend und mehr Sternen erhellt.
Mond und Venus reichen sich fast die
Hand
und ich stehe staunend, ehrfürchtig und
voller Freude unter der kahlen Eiche,
die ihre dicken und feinen Äste gegen den
Himmel reckt.
Filigran, wie dünnes Aderngeflecht,
sichtbar im blattlosen Geäst,
zeichnet sie den edlen Kontrast
zum dunklen Weltenraum.

Winter wanderung zum Rabenkopf

Stille und Kälte vor mir liegt,
in ihren Wurzeln träumen die Bäume.
Über Gipfel und Täler suchend
der Adler fliegt.
Schritt für Schritt steige ich hinauf,
Gedanken über gestern und morgen
sind erstarrt.
Das Jetzt ist Ewigkeit geworden.
Keine Seele kommt mir entgegen,
nicht ein Gleichgesinnter,
nur Du bist mein Begleiter.

Auf dem Fockenstein

Immer wieder komme ich herauf zu dir.
Auf deinem Haupte sitzend,
meditierend, schauend und dichtend.
Ein Kraftfeld muss dich umgeben,
ich sehe es nicht, doch ich spüre es.
Bald komme ich wieder.

Die Former – Licht, Wasser und Erde

Was wären wir ohne das Licht der Sonne,
Milliarden von Bäumen, Gräser und
Blumen,
erweckt sie binnen weniger Tage aus
dem Schlaf des Winters.
Unvorstellbare Energie ist da am Wirken.
Sie kann erwärmen, erwecken,
verbrennen
und wieder erwecken aufs Neue.
Wasser als formende Kraft, unermüdlich,
stetig,
durch die Schwerkraft getrieben, zerstört
es,
verformt, schafft Neues.
Keine Kraft wirkt so nachhaltig an der
Transformation
der Materie und ist gleichzeitig Quell
allen Lebens.
Die Mutter allen Lebens ist die Erde,

sie birgt die Geheimnisse des
Kommenden und
des Gegangenen.
Sie ist wie eine unaufhörlich gebärende
Mutter,
und Trösterin des Vergehenden.

Gedanken über das Gipfelkreuz (am Rabenkopf)

Auf den Bergen oft ein Gipfelkreuz steht,
für Wanderer ein sichtbares Zeichen
des Tourenzieles.
Darunter sitzen, Brotzeit machen,
den Ausblick genießen in Ferne und Tiefe.
Doch warum finden viele Menschen,
Berge mit Gipfelkreuz anziehender
als ungeschmückte?
Was wirkt da aus dem Unterbewusstsein?
Gipfel bedeutet Höhepunkt,
im doppelten Sinne.
Geschmückt mit dem Kreuz,
Symbol des Glaubens,
Ende der Strapazen, Verwandlung,
Befreiung und Erlösung.

Gewitter – Nachgang

Himmelsschleier reißen auf,
wie ein Gemälde erstarrt der Wetterlauf.
Blau leuchtet tiefer Hintergrund,
über den die weisen Wolkenschafe,
wie über eine Bühne ziehn.
Der Schäfer ganz verborgen bleibt,
bis dass, in neuem Blitzgewitter
er seine Herde in das Gatter treibt.

Frühlingsruf

Angehalten wird dein eiliger Schritt
vom Ruf der ersten Schlüsselblume;
bleib stehn und staune!
Aus dunkler Erde bin ich heut erwacht,
um eine Freude dir zu werden.
Deiner Augen Nahrung will ich sein
und Nektar für die Bienen,
soll mein Geschenk euch sein.

Wer steht wo?

Die Schönen, die Reichen
und die Mächtigen,
sie stehen in der Mitte der Gesellschaft.
Am Rande ist der Platz der Gescheiterten,
der Verlassenen, der Kranken
und der Gebrechlichen.
Sie dürsten nach Deinem
Lebendigen Wasser, o Herr.
Helfen wir dabei.

Im Wattenmeer

Das Meer atmet zum Land,
und das Land atmet zum Meer.
Immer wieder ein und aus,
einem geheimen
Rhythmus gehorchend.
Leben entsteht dazwischen,
der Atemlenker will es so.

Im Kreis

Alles was geschaffen, ist schön.
Was hässlich scheint aus Menschensicht,
göttlich ist in seinen Augen.
Und alles gehorcht dem geheimen
Gesetze,
vom Wachsen, Blühen, und Vergehen,
im Kreis der Ewigkeit.

Auf dem Erdbeerfeld (Buchendorf)

Frühling ist, der Sommer drängt
und viele Städter zieht's hinaus
auf's Erdbeerfeld, auch mich.
Wo zwischen Blattwerk grün,
die Früchte reifen und auch blühn.
Mit Freude knie ich nieder,
steh auf und knie wieder,
auf die weiche Erde.
Demütig ist mein Knien,
vor dem großen Hüter,
der solche Früchte uns geschenkt.
Jede Beere köstlich, in Geschmack und
Form.
In der Schöpfung gibt es keine Norm.
Und so genieß ich was ich ernte,
mit allen Sinnen bis zum Ende.

Erdenstöhnen

Immer lauter wird der Erde Stöhnen,
unsrer Erde aller.
Tiefe Wunden dir geschlagen,
von Menschenhand,
nach oben, nach unten,
nach allen Seiten.
Nur Liebe kann dich wieder heilen,
durch jeden von uns,
in unheiligen Zeiten.
Die Neuzeit muss beginnen,
alte Muster zu verwerfen.
Begleiche die Rechnung Mensch,
bevor es zu spät ist.

Wandelwald –
Waldwandel

Mein geliebter Wald, gar oft besuche ich
dich,
wandle in dir wie ein Reh.
Viele Bäume kenne ich, einzeln,
schon Jahre beobachte, ja spreche ich mit
euch.
Gar traurig stimmt mich immer öfter euer
Zustand,
euer Leid, eure sichtbare Krankheit.
Wie lange könnt ihr den Stürmen noch
trotzen?
Auch ich habe mich verändert die letzten
Jahre,
Höhen und Tiefen, Kraft und Schwäche
kommen und gehen, doch noch immer ist
mir der
Wald ein Stück Heimat und versöhnlich
stimmt
mich der Gedanke an die zeitlose Kraft
hinter dem Wandel.

Herbstgedanken

Rot auf grün blühn die Alpenrosen,
der Berghang glüht im Freudentosen.
Zur Neige geht der Sommer bald,
wer nicht geblüht, der ist schon alt
und kein Frühling wird ihn nochmals
wecken.
Das Herbstlaub lädt zur Stille ein,
und Trauben wandeln sich zu Wein.
Dankbar sind wir für das Jahr
und hoffen, dass es nicht das letzte war.

Herbstlied

Ganz leise geht der Sommer hin,
und der Herbstwind weht, durch hohe Wipfel
und singt ein Lied auf seine Weise.
Der ersteSchnee fällt auf die Gipfel,
und alles wird ganz still und leise,
Menschen und Getier.
Bunt rauschen die Blätter,
im Farbenklang,
das große Finale hebt jetzt an,
um zu versinken in tiefem Schlaf.

Herbstlaub

Golden und purpurfarben leuchten
die Ahornblätter,
der Baum langsam in den Schlaf versinkt,
sein Kleid, der Wind mit auf die Reise
nimmt.
Bunt bedeckt der Boden leuchtet,
bis dass der Winter
sein weißes Laken darüber zieht.

Tief wurzeln

Das haben wir mit den Bäumen
gemeinsam,
nur wer tief wurzelt,
kann den Stürmen des Lebens
standhalten.

Melancholie

Die letzten warmen Sonnenstrahlen
schenkt mir der Abend.
Sie berühren mein Herz,
zu künden das Ticken der Endlichkeit.
Bin glücklich und traurig zugleich
und weiß nicht ob ich lachen oder weinen
soll.

Balkonblick im Frühling nach Süden

Nach Süden steht mein Blick,
der Gipfel viele hoch und nieder,
wie Zwerge und wie Riesen,
stehen sie da, bestaunt zu werden,
immer wieder.
Felsenhänge, mit letzten Winterflecken,
davor ein Meer von zartem Grün,
Wälder, verschmelzen mit einer
Kirchturmspitze.
Die Riesen rufe ich beim Namen,
erinnere mich was ich erfahren,
auf Gipfeln und Flanken.
Dankbares Staunen,
wohin die Beine mich getragen.
Den einen oder anderen besuche ich noch,
wie gute Freunde, ich kenne sie und sie
kennen mich.

Lied an die Sonne

Sonne, strahlende, wärmende,
Leben weckende Glut.
Du gibst uns Kraft, bis in den tiefsten
Winkel des Herzens.
Ohne dich ist Nacht, Dunkelheit und Tod.
Du bist wie eine Gotteshand.
Ich grüß dich am Morgen,
und sag »auf Wiedersehen« am Abend,
bevor du golden in die Nacht versinkst.

Ruf

Ein Zieglein ruft nach seiner Mutter,
aber die Felsen Antworten nicht.

Herbstwind

Der Herbstwind frischt auf
und kündet den Winter.
Aber die Tauben haben noch immer
Lust auf Liebe.

Neujahr

Im neuen Jahr nimmt alles seinen Anfang,
auch die alten Gewohnheiten.

Gedanken auf der Gopperalm

Der Almen acht,
verstreut bei Tag und bei Nacht
auf jeder dort ein Hirte wacht.
Menschen und Kälber,
werden hier oben sich selber.
Unsichtbar verbunden,
drehen die Grüße ihre Runden.
Und hinter allem verborgen,
löst eine zarte Hand der Menschen
Sorgen.
Man muss nur vertrauen, dem Leben,
dann wird dir alles gegeben.

An der Benediktenwand

(am 6. August alljährlich)

Der Glocke Echo hallt,
von der steilen Felsenwand.
Wie eine Mauer steht sie da,
bedrohend und beschützend nah.
Gebetet hat schon mancher Bergler
in der Kapelle Innenraum.
Vielleicht verwandelt und verklärt,
am Berge Tabor, wie im Traum.
Alljährlich pilgern Frauen und Männer
herauf vom Tale, denn hier ist aller Raum,
zu feiern die Verklärung seiner.
Gesegnet sein sie alle.

Bergkraft

Ruhend, traumlos in der Bergesmulde,
blickend in die Horizonten Runde,
Geheimnisse bestaunen,
Kraft sammeln für heute und morgen.

Tor zur Freiheit

In jedem Menschen ruht verschlossen
das Tor zu Gott.
Das Leben lehrt den Schlüssel
zu finden.
Doch das Tor aufsperren und
durchgehen muss jeder allein.

Bei der Quelle

Der Quelle Gurgeln lässt mich lauschen,
und tragen zu dem Meeresrauschen.
Der Hochzeitstanz der Schmetterlinge,
ein Sehnsuchtsflattern aller Sinne,
der Tod am Ziel, der wird sie einen,
wie aller Menschen ihresgleichen.
Mit zarter Hand die Dunkelheit umhüllt,
was Liebesfeuer hat entzünd.

Berggestalt und Meeresgrund

(am Dachstein)

Meeresgrund, Millionen von Jahren alt,
einst lebende Muschelwelt und sonstig
Getier,
gestorben, versteinert und von
Urgewalten gehoben,
senkrecht gestellt der Sonne entgegen.
Bizarre Türme aus Kalk,
unnahbar scheinbar, so betrachte ich
dich.
Doch über verwinkelte Pfade,
steige ich über deine Rücken
und Flanken auf einsame Höhen.
Losgelöst von der Zeit schreite ich über
den Meeresgrund.
Laotse kommt mir in den Sinn, »wie unten
so oben.«
Im Jetzt erlebe ich es.

Ich will den Berg nicht besiegen, nur
besteigen,
auf seinen Höhen für kurze Zeit
der Vergänglichkeit fliehen.
Doch auf jeden Aufstieg folgt ein Abstieg,
zwangsläufig.
Wieder fällt mir Laotse ein, »Wie unten so
oben«
und es stimmt mich froh, in Stunden zu
erleben,
wozu die Muscheln so lange brauchten.

Mondnacht am Berg

Vollmondnacht ist heut,
im Tal da schlafen alle Leut.
In dunklen Bergwald tauch ich ein,
geh Schritt für Schritt, ganz allein.
Fremde Geräusche von allen Seiten,
möchten mir die Freud verleiten.
Bald tret ich auf die Alm hinaus,
umhüllt von zartem Licht, nah am
Hirtenhaus.
Der Berge Horizont aus lauter Riesen,
die Tiere träumend auf der Wiese liegen.
Am Marterl zünd ich eine Kerze an,
für Lebende und Tote.
Noch eine Stund, nachts um drei,
dann ist das letzte Kletterstück vorbei.
Nun sitz ich unterm Gipfelkreuz,
der Berg und ich allein,
nichts auf der Welt könnt schöner sein.
Der ganze Kosmos über mir,
führt meine Fantasie, zu Dir.
So lieg ich da, bis dass der erste
Sonnenstrahl,

vom Wendelstein, scheint plötzlich nah
und der neue Tag, die Nacht verweht.
Stumm grüßt der Mond von Westen, noch,
als er versinkt im Zugspitzjoch.
Nächtlich Zauber wird verborgen,
im neu erwachten Sommermorgen.

Gedichtgeburt

Du kommst ans Licht,
mein Gedicht,
wie ein Blitz.
Eingefangen in Worte,
das Dunkel erstrahlen lässt.
Nur einen Augenblick,
dann wirst du zum Gebet.

Olymp (Griechenland 2012)

Wege, die nicht enden wollen,
Schluchten und Höhlen möchten
den Weg versperren.
Dem Müden reicht der Fluss sein reines
Blut
zum Tranke.
Auf zu Zeus und Hera,
die am Berg verbannten.
Auf verschlungenen Pfaden und
manchem Verhauer,
in Blitz und Donner mit Hagelschauer.
Hitze, Kälte und Sturm ohne Maß,
besingen die fernen Welten,
auf schwindelnder Höhe, am Mytikas.
In nächtlicher Ruh, vom Waldesgrund,
steigen Gesänge herauf, aus
Mönchesmund,
und rufen, Friede, Friede, Friede.

Abendmorgen

Am Morgen, ist noch alles
verborgen,
das am Abend gelüftet.
Schau es an, täglich,
und sei dankbar dafür.

Du

Mein Du, bist Du,
in Dir find ich Ruh,
auf Dich vertraue ich,
mit Dir gehe ich,
meinen Weg, immer zu.

Abendspaziergang
im Waldfriedhof

Des Weges geh ich kreuz und quer,
gedenke vieler die hier ruhn.
Nur Dunkelheit und Stille und
kein Raum mehr für ein Tun.
Begrenztheit mahnt aus allen Gräbern,
mal kurzes, mal ein langes Leben.
Wieso das ist, wie es ist, die Frage,
Geheimnis jetzt und aller Tage.
Allen sei geschenkt, Geborgenheit,
heute, morgen und in Ewigkeit.

Abendwald

Einsam klingt die Vogelstimme,
im lichten Wald, bei Dämmerung.
Gestern noch, sangen sie
vielstimmig im Chor,
so wundervoll wie Engelsstimmen.
Ein Zauberklang verklärt den Wald.
Das Loblied ist verklungen
und verflogen,
im Raum zur Stille geworden.
Ich lausche trotzdem weiter.

Achtsamkeit ist Gebet

Ein lachendes, fragendes Kind –
Gebet der Hoffnung.
Singende Vögel im Chor und allein-
Gebet des Dankes.
Ein gackerndes Huhn –
Gebet der Freude.
Wilder Sturm mit Blitz und Donner –
Gebet vom Großen und vom Kleinen.
Tosender Wasserfall –
Gebet der Verwandlung.
Augen einer liebenden Frau –
Gebet des Glücks.
Erstarrtes Totengesicht –
Gebet des Friedens.
Blick in den Nachthimmel –
Gebet der Sehnsucht

Allein mit Allem

(Auf der Alm)

Vor vielen Tagen letztmals,
traf mein Blick in Menschenaugen.
Nun bin ich eins mit Kälbern, Blumen,
Bergen, Bäumen und dem
Wasserrauschen.
Blitz und Donner sagen mir, wie klein bist
du.
Ich fürchte mich nicht, wir sind in Einheit.
Fernste Vorstellungen und Geschichten,
wandeln Sehnsüchte in Einsichten.
Verwandt sind wir alle,
da aus demselben Stoff geschaffen.

Achtsamkeit

Mit dem Herzen sehen,
mit dem Herzen hören,
mit dem Herzen denken und fühlen,
mit dem Herzen sprechen,
mit dem Herzen staunen,
mit dem Herzen tun,
dies ist das Geschenk der Achtsamkeit.

Genügsamkeit

Es gibt so vieles zu begehren,
das Leben wird dir andres lehren.
Was dein wird im Giergetümmel,
ist nur ein falscher Erdenhimmel.
Du musst dir selbst genügen!
Dies ist der wahre Weg
zu Glück und Zufriedenheit.

Buch der Wahrheit

Lerne lesen im aufgeschlagenen Buch der Natur,
und du wirst Antworten finden,
auf alle Fragen des Lebens.

Vom Sein

Sein im Du,
ohne sein im Ich,
ist kein Sein.
Nur das Sein im Ich,
ermöglicht das Sein im Du.

Dämmerung

Die Nacht den Tag umarmend
verabschiedet,
von Osten nach Westen begleitend.
Bruder Schlaf und Traum,
die Seele befreiend von der Materie,
zur zeit- und raumlosen Wanderung
durch die Nacht.
Kraft schöpfend, um sich wieder zu
vereinen
mit der Körperlichkeit,
dem Morgen entgegen.
Der erste Sonnenstrahl die Nacht zum
Abschied küsst.

Dein Recht

Jeder Mensch hat durch seine Geburt das
Recht,
zu träumen,
zu wünschen,
zu weinen,
zu lachen
und glücklich zu sein.
Doch vor seinem Tode,
sollte er mindestens einmal
durch das Fenster der Wahrheit
schaun.

Erwachenszeit

Erwachenszeit ist überall,
wohin mein Auge schaut
und meine Ohren lauschen.
Lautlos öffnet sich die Erde,
es drängt hervor der Vielfalt alle,
dazu ein Vogel singt, wie heilig,
sein Gezirp ertrinkt im Blütenmeer.
Grün ist bestellt der Augenschmaus,
auf Bäumen und in Wiesen.
Es jauchzt die ganze Schöpfung stille.

Freude

Schön ist der Morgen,
er führt uns ans Licht.
Freue dich jeden Augenblick,
am Geschenk,
das dir der Morgen bringt.
Das Morgenrot am Horizont,
das Lachen eines Kindes,
eine aufgehende Blüte,
der Tau auf dem Gras, und
dass du atmen darfst.
Alles ist Freude!!!

Freudenquelle

Dankbarkeit, ist Quell der Freude.
Undankbare münden oft
in Verbitterung und Einsamkeit.
Wo man doch für so vieles
dankbar sein darf.

Friedenswunsch

Sie sagen, dass sie Frieden lieben,
nur Panzer und Granaten können ihn
erschließen.
Oh, Irrtum du, hat je die Waffe Leben
gerettet,
oder doch nur ausgelöscht?
Sie bringen Tod, nicht Frieden.
Ans Kreuz mit ihm, so schrien sie alle,
mit ihrer Friedensliebe,
wie feige Lebensdiebe!
Und dunkle Wolken decken alles zu,
doch Du, bleibst bei uns, du Hoffnung, Du!

Mein Führer und mein Retter

Mein Retter Du, aus Dunkelheit
von Kindheit an;
warst mir nah und in mir drin,
wie ein unsichtbarer Begleiter.
Verlor Dich, fand Dich wieder.
Hast geweint um mich,
und ich um Dich,
aus Sehnsucht im Ungewissen.
Zu groß bist Du, als dass ich Dich
begreifen könnte,
doch Du bist da, in allem, auch in dir und
mir.
Ich vertraue auf Dich!

Führung

Wenn ich schreibe,
schenkst Du mir Einsichten,
und wenn ich male,
führst Du meine Hand.
So wird mein Werk zu dem deinen,
als Geschenk an das Leben

Glauben

Mit dem Glauben an Gott ist es
wie mit dem Wind.
Der Wind umweht dich,
doch du siehst ihn nicht.
Und Gott ist da, in allem was existiert
und lebt, auch in dir und in mir,
doch du siehst ihn nicht.
Nur wenn du ganz ruhig wirst
und das Treiben der Welt vergisst,
hörst du seine Stimme im Herzen.
Alles was atmet lobet den Herrn!

Gottesgeschenk

Gott schenkte uns die Gnade der Liebe,
und die Fähigkeit zu lieben.
Aber auch die Freiheit zu hassen
und gewalttätig zu sein.
Kain und Abel leben in uns fort.
Nur Liebe kann den Kain erlösen.

Mystiker Mensch

Jeder Mensch ist ein Mystiker,
weil er das Urgeheimnis in sich trägt.
Daran soll er wachsen,
durch das Tun.

Heimat

Heimat wer bist du?
Kein bestimmter Ort, kein Reichtum,
kein Ruhm.
Liebe, Glück, geborgen sein,
sich anlehnen können in schweren
Stunden,
sich freuen dürfen in und an
der Natur, der Wälder, der Berge, dem
Sonnenschein
und dem Sternenhimmel, Ort der Einkehr
und
sich Gott nahe fühlen.
Ich glaube, dass dies, Heimat ist.

Hilferuf

Bin ausgebrannt, verbrannt,
beneide die Toten.
Wo ist mein Anker,
wo mache ich mich fest?
Oh Gott gib mir ein Zeichen,
ich brauch dich,
sonst bin ich verloren.

Orientierung

Ich steh in der Wüste,
in Hitze, Kälte und Sturm.
Habe meinen Kompass verloren,
ich weiß nicht wohin.
Ich gehe und gehe,
ich weiß nicht wohin,
doch ich geh und geh,
denn mein Weg wird zum Ziel.

Ich bin jetzt

Müde werde ich, spüre meinen Rucksack,
mein Atem geht schnell
und mein Herz schlägt stark.
Tief sauge ich die klare Bergluft in den
Körper.
Ein Vogel singt, sitzend im Schnee,
freut sich an der Frühlingssonne.
Mit den Augen umarme ich hundert
und mehr Gipfel am Horizont.
Bin Eins mit allem....ich bin!

Apriltag

Am Wegesrand ein Apfelbaum, allein,
geschmückt mit tausenden von Blüten,
steht da im weisen Hochzeitskleid.
Betörend ist der Blütenduft,
der durch die Lüfte zieht und sucht,
voll Sehnsucht nach dem Bräutigam,
trotz Regen und Schnee.
Er muss ruhen bei seinen Waben
und sich am eignen Honig laben.
Wenn Licht vom ersten Sonnenstrahl,
die Luft erwärmt,
und ihm die Starrheit seiner Flügel nimmt,
dann gibt's für ihn kein Halten mehr,
da tausend Bienen, tausend Blüten küssen
und Menschen hoffen lässt auf gute Ernte.
Es summt ein tausendfaches
Hochzeitslied, im nu
und der alte Zeuge schaut von oben zu.

Laufend notiert:

Der Langläufer sucht die Einsamkeit
und findet dabei das Glück.

Der beste Rausch
Ist der Sauerstoffrausch.

Laufe stetig, und der
Herzinfarkt holt dich nicht ein.

Nirgendwo lernst du deinen
Körper besser kennen,
als beim Laufen.

Drei Dinge braucht der Mensch,
Nahrung für Körper, Geist und Seele,
Sauerstoff im Überfluss
und spartanisches Essen.

Das Grün der Bäume,
der Duft der Blumen,
die Reinheit der Waldluft,
den Gesang der Vögel,
das Spiel des Lichtes und der Wolken,
den inneren Rhythmus und eine
beglückende Müdigkeit.
All das bekommst du geschenkt
beim Laufen.

Nähe

Dort wo das Wasser singt
und der Wind dazu die Harfe spielt,
dort wo der Morgentau vom Himmel fällt
und wie unzählige Diamanten
auf Gras, auf Blüten und
in den Spinnennetzen hängt,
dort war mir Gott nah!

Nirgendwo – Irgendwo

Nirgendwo steht ein Haus,
in dem ich könnte Wohnung finden.
Führ Du mich zur Geborgenheit,
wo alle Töne und Geschrei,
verstummen in der Dunkelheit.
Voll neuer Kraft dem Licht entgegen,
entfaltet sich geschenkter Segen.

Überwindung der Not

Not herrscht, wenn der Verstand die Seele
unterdrückt.
Not herrscht, wenn die Seele den Verstand
unterdrückt.
Harmonie und Liebe können sich
entfalten,
wenn Verstand und Seele sich innig
umarmen
ohne sich zu erdrücken.

Wert der Werte

Wir sammeln so vieles im Leben
und sind doch so arm geblieben.
Den wahren Wert verkannt,
denn Sein ist Alles,
Haben ohne Sein ist Nichts.

Pilgerstrom zumHeiligen Berg Athos

Wie ungeborene Kinder strömen sie,
in den Bauch des Pilgerschiffes.
Suchende, Aufrechte, Gebeugte,
Leidende,Zweifelnde,
beladen mit schwerer Last.
Zur Urmutter heim, um neu geboren
zu werden.
Die Sehnsucht nach dem Einen verbindet
sie alle.
In langen Nächten umhüllt von Gesängen,
Gebeten und Weihrauchduft
und Ikonen die im Kerzenschein golden
strahlen.
Doch jeder steht allein vor Dir.
Wie Weiden deren Schneelast sich in
Wasser wandelt,
in der Morgensonne,

so richten sie sich auf und ihre Arme
streben,
Deinem Licht entgegen.

Ein Pilgertag am Heiligen Berg Athos

Als Pilger stieg ich in des Schiffes Bauch.
Als Bettler klopf ich an die Klosterpforte.
Es öffnet mir ein weiser Vater,
ich bat ihn um ein nächtlich Lager.
Kaffee, schwarz und süß
und einen Schnaps aus Traubentrester,
war sein Geschenk, kurz vor der Vesper.
Kurz war der Schlaf, bis drei Uhr früh,
als das Holz durchdringend rief »Liturgie«.
Pilger und Mönche strömen durch die
schwarze Nacht
zum Katholikon, er wartet schon in
schönster Pracht.
Gesänge und Gebete füllen den ganzen
Raum,
durchtränkt von Weihrauch beim
göttlichen Schaun.
Aufgehoben sind Zeit und Raum,
Morgenlicht hebt alle Schleier auf.

Die Pilger gehen weiter, den steilen Berg
hinauf.
Einem folgt ein Muli nach,
über raues Felsgemach.
Pilgerleben ist immer Geben, wie Beben,
eingetauscht wird altes gegen neues
Leben.

Valaam (Russland 2019)

Lautlos gleitet das Schiff im Ladogasee,
zwischen grünen Perlen einer Inselwelt,
umhüllt von fahlem Licht
bei Tag und bei Nacht.
Glockengeläut aus weiter Ferne,
wie mystischer Gesang,
vereint sind Schmerz und Freud
im Wellengang, durch alle Zeit.
Stimmen reinster Schönheit,
berühren Pilgerherzen
mit ihrem Klang,
in nächtlicher Feier,
am Athos des Nordens,
dem heiligen Valaam.

Ikone – Urquellgebet

Du Urquell Du, im ewigen Kreise,
schenkst Gnade, zu zeugen von Deiner
Liebe.
Auf Tafeln, der Erdenbäume Fleisch,
tragen sie Rot und Gold
und Blau;
Zeichen Deiner Herrlichkeit.
In den Tempel will ich sie tragen,
in Demut Dir zu Füßen legen,
den ewigen Kreis berührend.

Tränenstrom

Der Erde Himmelstränen,
fallen mit Macht herab, wie Meer,
wie seit der Zeit von Noah nicht mehr.
Zerstörung hinterlassen Wassermassen.
Weinen sollten wir und nicht mehr hassen,
und lieben lernen, die ganze Schöpfung,
in Umkehr heilen, alle Verwundung.
Dann wird erklingen Sphärengesang,
und alles geht seinen großen Gang.

Ungewiss

Ungewiss ist das Leben.
Was dir geschenkt wird,
betrachte als Segen.
Mal Freud mal Leid,
ES fällt dir zu
im Augenblick und wird nicht
halten ewiglich.
Doch dankbar darfst du immer sein.

Vergebung

Das Leid das du erfahren
und die Wunden,
die das Leben dir geschlagen
trag zu Ihm,
der am Kreuze hängt.
Und höre still und rein,
was seine Worte sind:
»Meine Wunden sollen deine sein,
vergib ihnen, denn sie wissen nicht
was sie tun«.
Und lass die meinen in deiner
Vergebung ruhn.

Vielfalt und Einssein

Allein geht der Mensch in all der Vielfalt,
am Wegesrand macht er dann halt,
dem Pfad, geschenkt vor aller Zeit,
voll Freude und auch vielem Leid.
Keiner ist ein Zweiter,
bei all den Vielen,
die des Weges gehen und sich lieben.
Dein Irdisches das kannst du teilen,
am Ende doch, wirst du allein
vor Ihm verweilen.

Vom ES

ES ist wie ES ist und
ES kommt wie ES kommt.
Aus ihm geht alles hervor.
Das Genie und der Tor,
ES bringt alles hervor.
Im Es sind wir alle verbunden,
die Kranken und Gesunden.
ES schenkt uns die Hoffnung
für ein gutes Leben.

Vom Gebet

Bete innig und oft
Für jeden,
dem du etwas zugefügt hast.

Halte dich für den Kleinsten
unter den Menschen
und du kannst zu
wahrer Größe wachsen.

Vergebe, was du erlitten,
Friede im Herzen
wird dein Lohn sein.

Suche in deinen Niederlagen Sinn
und es werden dir neue Chancen
geschenkt.

Vom Wecken

Sonne weckt Leben,
Leben weckt Liebe,
Liebe weckt Glück,
Glück weckt Leid,
und Leid sehnt sich nach Sonne.

Vom Schatten und Licht

Du musst aus dem Schatten treten
um zu leuchten,
wie der Mond aus dem Schatten
der Erde flieht
um die Nacht zu erhellen.
Steht nicht schon in der Schrift,
du sollst dein Licht nicht unter den
Scheffel stellen?

Vom Kommen und Gehen

Eh der Mutterleib dich formte,
gab Er dir den Odemsegen,
zu pilgern auf vieler Länder Wegen.
In seiner ganzen Schöpfung Fülle,
sollst du erfüllen seinen Willen.
Behüte achtsam alles Leben,
denn es ist von Ihm gegeben.
Ein lautes Gloria erklingt,
wenn alles Leben mit einstimmt
und alle heimwärts ziehn,
wo keiner von den vielen kann entfliehn,
bevor es warm und dunkel wird.

Ruhe bewahren

Lass alles kommen wie es kommt,
den großen Kräften Widerstand zu leisten,
ist wie ein Blasen gegen den Orkan,
der aufsaugt was im Wege steht.
Bis seine Kraft im Großen,
sich in Frieden und in Stille wandelt,
dann ist die Zeit zum Handeln.

Schönheit

Ich trete hinaus und halte den Atem an,
Schönheit der Unendlichkeit,
am Himmel über mir,
und der Kleinheit in mir.
Kann dich nicht fassen,
nur erahnen.
Mein Gott, wie groß bist Du,
was Du geschaffen,
ich glaube an Dich, ich lobe Dich
und ich danke Dir!

Metamorphosen

Das Leben hat viele Facetten parat,
gleich einem Sprung ins Spagat.
So gleicht das Leben einer großen Wiese,
Blütenpracht im Frühling, tausendfach,
die Bienen sind im Liebestaumel
und alle Blüten taumeln mit.
Die Schönsten stehen in der Mitte,
bis dass der Bauer kommt zum Schnitte,
und alle Schönheit ist vorbei,
was übrig bleibt, ein Haufen Heu.
Die am Rande stehen, die blühen weiter,
und im Herbst tragen sie Samen,
um ihre Arten zu bewahren,
diese blühen dann, im nächsten Jahr.
Daneben Bäume aller Formen,
junge und alte, große und kleine.
Doch wenn altes Geäst,
Kinderseelen wieder blühen lässt,
fand das Leben seinen Sinn.

Sehnsucht

Der weise Schmetterling verzehrt,
durch die Sehnsucht nach der weißen
Kirschblüte,
in weißer Mondnacht.
Einer Kerze gleich,
durch Feuer zum Nichts,
und vom Nichts zum Ganzen.

Sinnfindung

Lebenserfahrung ist getätigte
Sinnfindung.
und kann so zur Gotteserfahrung werden.
Denn der letztendliche Sinn des Lebens
mündet im Geheimnis Gottes.

Namenlose

Die Zeit macht uns zu Namenlosen,
auch wenn wir noch so berühmt
erscheinen.
Nur Gott ruft dich beim Namen,
am Tag, wo Er sagt »Amen«.

Stille und Dunkelheit

Tiefe Quellen fließen lautlos,
über Felsenbrüche mit feuchtem Moos.
Ich liebe die Stille,
die aus der Dunkelheit stammt.
Sie lässt uns ahnen von wo wir
gekommen,
und vertrauen auf das unbekannte Gehn.
Die Dunkelheit gebar das Wort,
und das Wort führt uns zum Heimatort.

Sprüche – Erfahrungen

Du musst ganz klein werden,
damit Großes
entstehen kann!

Die größte Aufmerksamkeit im Leben,
schenkt der Mensch seiner
Vergänglichkeit
und nur wenige Augenblicke seiner
Ewigkeit!

Wie das Wasser einer nicht versiegenden
Quelle,
so fließt Deine Liebe über uns.
Wasser des Ewigen Lebens!

Stilles Plätzchen

(Lindos auf Rhodos)

Abseits des Trubels auf dem
Weg zum Meer.
In warmes Licht des Südens gehüllt,
eine weißgrüne Oase mit einer Kapelle.
Lass dich nieder im Schatten des Baumes
und lausche der Stille und Insekten
Gesumme,
das nur durch das Klappern der Hufe von
Eseln
unterbrochen wird.
Wie ein Schlagzeug zur Melodie der Stille.

Schrei des Meeres

(Maleme, Kreta bei Sturm 2005)

Es brüllt das Meer,
klagt laut der Toten.
Die tief unten am Meeresgrund,
bei ihren Gebeinen ruhen.
Höre hin, genau,
das Meer mahnt zum Frieden,
heute und alle Zeit.

Sehnsuchtszauber

Oh Gott, lass uns die Welt verzaubern.
Wir wollen wieder staunen lernen,
denn Wissende gibt's zur Genüge.
Auf deine Kraft vertrauen,
die aus dem Unbekannten strahlt.
Vereinen und nicht trennen,
soll unser Kompass sein.
Er führt uns heim,
von wo wir kommen.

Was strahlt

Alles was strahlt,
kommt aus der Dunkelheit.
Ja, wir sollen Lichter sein.
Dann wird die Dunkelheit,
uns beim Scheiden,
wieder liebend umarmen.

Suche

Gott sucht uns,
lange bevor wir Ihn suchten.
Und
Gott liebt uns,
lange bevor wir Ihn lieben konnten.

Sommerregen

Prasselnd fallen die Tropfen vom Himmel,
endlich Kühle, Hitze vertreibend.
Schmutz und Staub abwaschend,
Spuren verwischend.
Der Natur neues Leben einhauchend,
so auch mir
bis zur nächsten Dürre.

Spätsommerabend am Waldrand

Wärmende Sonnenstrahlen, kühler werdend,
die Sonne langsam in die Abendwolken schlüpft.
Aus dem Wald duftet schwer das Moos,
modernde Äste und Rinden,
Blätter fallen schwebend,
von stolzen Eichen und von Buchen,
melancholisch ein einzelner Vogel singt.
Die Wiese noch grün und saftig,
doch auch schon von brauner Dürre durchzogen,
noch zirpen die Grillen ihr Lied der Freude.
Feuchte Erde, Nebel bildend,
wie zarte Schleier die Wiese bedeckend
der Nacht entgegen.
Der Herbst klopft an die Tür!

Unter einer Eiche im Frühling (in Buchendorf)

Noch klein sind die schützenden Blätter,
durchsummt von Bienen und tausend
tanzenden Insekten.
Darunter im Gras liegend,
den Frühlingsduft atmend,
dem lauen Lüftchen sich hingebend
und dem Gesang der Vögel lauschend,
welch herrliche Wonne!

Vom Frieden:

Friede wird sein auf dieser Erde,
wenn alle Menschen miteinander
umgehen,
wie Jesus Christus mit seinen
Mitmenschen umging.

Der wahre Friede

Zeit ohne Krieg zwischen den Völkern
ist nur eine Form von Frieden.
Frieden muss im Herzen geschlossen
werden,
Frieden mit Gott,
Frieden mit den Nachbarn,
Frieden mit der Natur,
Friede mit den Kollegen und
mit allen Menschen und vor allem
Frieden mit sich selber!

Nutzlosigkeit

Natur ist da, einfach da,
ohne Nutzen.
Sie ist reines Geschenk
der Schönheit;
die zur Vollendung strebt,
uns eingeschlossen.
Alles was atmet preiset den Herrn.

Traum oder Vision

Mein Gott, lass Wirklichkeit werden, was
ich geträumt heute Nacht.
Oder durfte ich gar die Zukunft schauen?
Doch warum gerade ich, der Kleinste von
allen.
Stellt euch vor, in München auf dem
Jakobsplatz,
waren tausende Menschen versammelt.
In der Nacht, die ganze Nacht hindurch,
feierten sie, in und um die Synagoge
herum die Osternacht,
Juden, Christen, orthodoxe Russen,
Orthodoxe Griechen,
Katholiken, Protestanten und viele andere
Glaubensgemeinschaften.
Sie feierten die Auferstehung Jesus
Christus von den Toten,
und vom Dach der Synagoge rief ein
Mann herunter:
»Christus ist auferstanden«! und wie im
Chor riefen alle zurück in ihrer

Sprache: »Er ist wahrhaftig auferstanden«!

(geträumt am 5.5.2011)

Vom Recht und Unrecht

Alles Leben entspringt der Dunkelheit
und alles Weltliche und Geistige
kehrt zum Ursprung zurück.
Den Wert des einen oder des anderen
offenbart uns das Gewissen.
Und so lassen wir uns nicht vergewaltigen
vom Weltlichen, und bleiben
unserer inneren Stimme treu,
denn sie sagt uns
was Recht und Unrecht sei.

Atemberührung

Mit deinem Atem berührst du
meine unbekannte Mitte.
Vom ersten Atemzug an ist das so
und er belebt dich dein ganzes Leben,
einfach so, ist er da,
bis zum letzten.
Er verbindet dich mit allem Leben,
deinen Freunden und
deinen Feinden und allem was atmet.
Denke immer daran und
vergiss nicht Danke zu sagen!

Vom Wollen

Ein jeder will das Gute leben,
ob es gelingt, die große Frage, eben.
Der eine folgt der Flüsse Lauf,
ein andrer steigt den Berg hinauf.
Sehnsucht aller ist das Friedenshaus,
und niemand braucht mehr den Applaus.
Denn alles Tun wird reinste Freude.

Wahrheitsfindung

Wer glaubt die Wahrheit zu besitzen
läuft Gefahr hochmütig zu werden.
Doch wer sich von der Wahrheit berühren
lässt,
wird klein und demütig!

Waffenblut

Waffenblut zerstört nur Leben,
und kann niemals Frieden geben.
Dem der euch das Leben hat gegeben,
dem bringt nur Frevel ihr entgegen.

Wellensinn

Wie die Welle sich ins große Meer ergießt,
so sind auch wir nur,
Augenblickswesen,
die im großen Ganzen versinken.
Füge dich dem Urgesetz.

Weihnachten 2024

Krieg ist im Osten
und auch im Süden.
Dort wo die Kanonen brüllen,
und die Menschen weinen,
Kinder hungern und leiden.
Da ruft ein Stern in klarer Nacht
zu allen »habet acht«.
Ein Kind wird geboren,
es ist wie ihr, aber nicht verloren.
Legt eure Waffen nieder,
reicht euch die Hände,
denn nur so kann Frieden werden.

Weihnachten – Allerorten

Licht verdrängt die Nacht,
Maria bei dem Kinde wacht.
Bethlehem ist überall,
der Engel Kund, ist Freudenschall.
Gesegnete Weihnachten!

Neujahrswünsche

Was wünschen sich doch alle Menschen
zum Jahreswechsel:
Erfolg, Glück,
Reichtum, Gesundheit,
eine gute Zukunft,
einen Aufschwung,
sichere Arbeitsplätze
und Frieden.
Jeder will dies haben,
doch wenige wollen es geben.

Weitsicht – Einsicht

Die Sehnsucht schickt dich in die Welt
hinaus,
erkunden sollst du viele Dinge,
doch letztlich zieht es dich nach Haus.
Was du gesucht in weiter Ferne,
verborgen ist in deinem Innern.
Den Schatz musst du nur heben,
dann kann beginnen, ES, zu leben.

Zeitenwende

Allein und allen anderen verborgen,
zwischen Waffendampf und
Kriegsgeschrei.
Plattformen und KI, »Eintöpfe« voller
Lügen
und Wahrem.
Für Geist und Seele ein tödliches Mahl.
Wüsste ich nicht, das Du da bist und
leitest,
die sich leiten lassen,
könnt ich beginnen zu verblassen.
Doch deine Liebe kann alles heilen
oder sterben lassen.

Zeitverschwendung

Die meiste Zeit, schenkt der Mensch
seiner Vergänglichkeit,
und lebt nur wenige Augenblicke
für seine Ewigkeit.

Am Meer

Weis schäumen die Wellen,
einer Schafherde gleich,
doch wo ist der Schäfer?

Tautropfen

Tautropfen fallen vom Rosenblatt.
Auch ich bin einer und auch du.

Wolf und Schaf

In jedem Menschen lebt ein Wolf
und ein Schaf.
Und die Aufgabe des Lebens ist,
dem Schaf Macht über den Wolf
zu verschaffen.

Wozu?

Man hat dich in die Welt gesandt,
wozu?
Weit ist dein Weg in Raum und Zeit,
wozu?
Freud und Leid begleiten dich,
wozu?
Gewinnen und verlieren wirst du vieles,
wozu?
Krankheit und Heilung formen dein Leben,
wozu?
Doch unser aller Fragen Antwort,
findet sich im Du!

Weitere Bücher von Helmut A. Haffner

Begegnungen auf dem Heiligen Berg
Athos
Verlag, Christlicher Osten, Würzburg, 2010
ISBN 978-3-927894-47-1

Geflüsterte Schreie
Verlag, Edition Fischer, Frankfurt/Main,
2014
ISBN 978-3-89950-816-1

Fülle in Stille – Das andere Almbuch
Verlag, BoD, Norderstedt, 2021
ISBN 978-3-7534-3079-9

Auf geführten Wegen- das andere
Griechenlandbuch
Verlag, BoD, Norderstedt, 2023
ISBN 978-3-7568-9566-3

Ikonen sind Fenster zum Licht
Selbstverlag, München 2017

Inhalt

Zum Geleit   5
Motive zum Dichten   7
Im Laufe der Zeit   8
Finger weg   9
In der U-Bahn   10
Wiesenbesuch '24   11
Was bleibt?   12
Wesen der Märchen   13
Kraftquell   14
Winternacht   15
Winter wanderung zum Rabenkopf   16
Auf dem Fockenstein   17
Die Former – Licht, Wasser und Erde   18
Gedanken über das Gipfelkreuz   20
Gewitter –Nachgang   21
Frühlingsruf   22
Wer steht wo?   23
Im Wattenmeer   24
Im Kreis   25
Auf dem Erdbeerfeld   26
Erdenstöhnen   27
Wandelwald – Waldwandel   28
Herbstgedanken   29
Herbstlied   30
Herbstlaub   31
Tief wurzeln   32
Melancholie   33

Balkonblick im Frühling nach Süden 34
Lied an die Sonne 35
Ruf 36
Herbstwind 37
Neujahr 38
Gedanken auf der Gopperalm 39
An der Benediktenwand 40
Bergkraft 41
Tor zur Freiheit 42
Bei der Quelle 43
Berggestalt und Meeresgrund 44
Mondnacht am Berg 46
Gedichtgeburt 48
Olymp 49
Abendmorgen 50
Du 51
Abendspaziergang im Waldfriedhof 52
Abendwald 53
Achtsamkeit ist Gebet 54
Allein mit Allem 55
Achtsamkeit 56
Genügsamkeit 57
Buch der Wahrheit 58
Vom Sein 59
Dämmerung 60
Dein Recht 61
Erwachenszeit 62
Freude 63
Freudenquelle 64
Friedenswunsch 65
Mein Führer und mein Retter 66

Führung	67
Glauben	68
Gottesgeschenk	69
Mystiker Mensch	70
Heimat	71
Hilferuf	72
Orientierung	73
Ich bin jetzt	74
Apriltag	75
Laufend notiert:	76
Nähe	78
Nirgendwo – Irgendwo	79
Überwindung der Not	80
Wert der Werte	81
Pilgerstrom zumHeiligen Berg Athos	82
Ein Pilgertag am Heiligen Berg Athos	84
Valaam	86
Ikone – Urquellgebet	87
Tränenstrom	88
Ungewiss	89
Vergebung	90
Vielfalt und Einssein	91
Vom ES	92
Vom Gebet	93
Vom Wecken	94
Vom Schatten und Licht	95
Vom Kommen und Gehen	96
Ruhe bewahren	97
Schönheit	98
Metamorphosen	99
Sehnsucht	100

Sinnfindung 101

Namenlose 102

Stille und Dunkelheit 103

Sprüche –Erfahrungen 104

Stilles Plätzchen 105

Schrei des Meeres 106

Sehnsuchtszauber 107

Was strahlt 108

Suche 109

Sommerregen 110

Spätsommerabend am Waldrand 111

Unter einer Eiche im Frühling 112

Vom Frieden: 113

Der wahre Friede 114

Nutzlosigkeit 115

Traum oder Vision 116

Vom Recht und Unrecht 118

Atemberührung 119

Vom Wollen 120

Wahrheitsfindung 121

Waffenblut 122

Wellensinn 123

Weihnachten 2024 124

Weihnachten – Allerorten 125

Neujahrswünsche 126

Weitsicht – Einsicht 127

Zeitenwende 128

Zeitverschwendung 129

Am Meer 130

Tautropfen 131

Wolf und Schaf 132

Wozu?   133
Weitere Bücher von Helmut A. Haffner   134